Pascale Chénel • Mari Torigoe

Du lait
pour mon
chat

bayard jeunesse

Ce matin-là, Ramina le chat
se frotte contre les jambes de Petit-Louis :

– Miaou ! Je n'ai plus de lait dans mon écuelle !
Peux-tu aller m'en chercher ?

Petit-Louis va trouver la vache dans l'étable :
– Vache ! Vache ! Donne-moi du lait pour Ramina !

– Je te donnerai du lait, répond la vache,
si tu me donnes du trèfle à ruminer.

Petit-Louis va voir le fermier dans le pré :
– Fermier ! Fermier !
Donne-moi du trèfle pour la vache !

– Je te couperai du trèfle, répond le fermier,
si tu dis au chien d'arrêter d'aboyer.

Petit-Louis court voir le chien :
– Chien ! Chien ! Arrête d'aboyer !

– J'arrêterai d'aboyer, répond le chien,
si tu me donnes ce ballon rouge perché dans l'arbre.

Petit-Louis lève les bras.
Il est bien trop petit
pour attraper le ballon rouge.

Petit-Louis demande au merle
qui cherche des vers dans l'herbe rase :
– Merle ! Merle ! Fais tomber le ballon rouge !

– Je ferai tomber le ballon, répond le merle,
si tu me chantes une chanson.

Alors, Petit-Louis invente cette chanson :
« *Il était un p'tit merlichon,*
et ron et ron petit patapon,
il était un p'tit merlichon, si gentil si mignon ! »

Frrrrtt ! D'un coup d'ailes,
le merle s'envole.
Pic ! D'un coup de bec,
il fait tomber le ballon de l'arbre.
Et… **Poum poum poum…**
Le ballon rouge
rebondit devant le chien.

Le chien arrête d'aboyer.

Alors… **Fizz fizz fizz !**
Le fermier coupe
du trèfle…

Petit-Louis apporte le trèfle à la vache…

Scronch scronch ! La vache mâchonne le trèfle...

Psssit psssit ! Le lait jaillit dans l'écuelle…

… et Petit-Louis offre le lait à Ramina.
Ron ron ron… ronronne le chat en lapant le lait.
– Ouf ! Quel travail pour te donner
ce que tu voulais ! dit Petit-Louis.

Les Belles Histoires des tout-petits

Tralalire

Le magazine craquant plein d'histoires à croquer

Vous avez aimé cette histoire ?
Découvrez-en de nouvelles tous les mois
dans le magazine Tralalire !

Avec *Tralalire*, votre enfant découvrira
ses premières émotions de lecture :
du rire, de la surprise, des petits frissons...

Dans chaque numéro :
• Une grande histoire et plein de petites
• Des personnages attachants
• Des aventures interactives

En janvier — Tralalire présente — LE GROS RHUME DE PETIT ÉLÉPHANT — MIAM ! — Et autres histoires pour se faire du bien !

En mai — Tralalire présente — Promenons-nous dans les bois... — GRRR! — Et autres histoires qui donnent envie de profiter gaiement du printemps !

En décembre — Tralalire présente — Coucou, Père Noël ! — et autres histoires merveilleuses

Pour en savoir plus, rendez-vous sur **www.tralalire-lemag.com**